Commentaire

Par Patrick Olivero

Être et Temps

Nécessité, structure et primauté de la question de l'être

Heidegger

lePetitPhilosophe.fr

HEIDEGGER

PHILOSOPHE ALLEMAND FONDATEUR DE LA THÉORIE DU *DASEIN*

- **Né en 1889 à Messkirch (Allemagne)**
- **Décédé en 1976 dans la même ville**
- **Quelques-unes de ses œuvres :**
  - *L'Être et le Temps* (1927)
  - *Lettre sur l'humanisme* (1947)
  - *Introduction à la métaphysique* (1953)

Né à Messkirch en 1889, Martin Heidegger se destine initialement à la prêtrise, mais abandonne rapidement la théologie pour la philosophie. Habilité à enseigner en 1915, il devient assistant d'Edmund Husserl (1859-1938), qui enseigne alors la philosophie à l'université de Fribourg. En 1923, il est nommé à l'université de Marbourg, où il rencontre Hannah Arendt (1906-1975), avec qui il aura une brève liaison. En 1927 parait son œuvre maîtresse, *Être et Temps* (*Sein und Zeit*). La même année, il succède à Husserl.

En 1933, il adhère au parti national-socialiste (NSDAP) et est élu recteur de l'université de Fribourg en avril de la même année, soit trois mois après l'arrivée au pouvoir d'Adolf Hitler (1889-1945). Il démissionne de son poste en 1934 mais continue à enseigner jusqu'en 1944, après quoi il est interdit d'enseignement de 1945 à 1951. Il entretient par ailleurs de nombreux contacts avec divers intellectuels français, et plus particulièrement avec Maurice de Gandillac (1906-2006), Jean Beaufret (1907-1982), Jacques Lacan (1901-1981) et René Char (1907-1988). Il prend sa retraite de l'université en 1958 mais participe encore à des colloques et à des séminaires jusqu'en 1973. Heidegger meurt le 26 mai 1976 à Fribourg-en-Brisgau.

ÊTRE ET TEMPS

UNE ŒUVRE CONTROVERSÉE

La compromission de Heidegger avec le régime nazi est un fait incontestable, qu'il a lui-même admis, et qui constitue une tache indélébile dans la biographie du philosophe. La controverse la plus vive, qui n'est pas éteinte aujourd'hui, consiste à se demander si sa philosophie contient ou non en germe une doctrine compatible avec le régime nazi.

Le lecteur se reportera pour cette question aux textes des détracteurs et des défenseurs de Heidegger. On citera parmi les premiers Jürgen Habermas (né en 1929), Theodor Adorno (1903-1969), Pierre Bourdieu (1930-2002) ou Maurice Blanchot (1907-2003) et, pour les seconds, Jacques Derrida (1930-2004), Jean Beaufret, Marcel Conche (né en 1922), ou encore François Fédier (né en 1935).

MISE EN CONTEXTE

Rédigé de 1923 à 1926, *Être et Temps* (*Sein und Zeit*) est un ouvrage inachevé, dont seules les deux premières sections de la première partie ont été publiées ; il manque donc la troisième section de la première partie ainsi que l'ensemble de la deuxième partie. Son objet, qui est également la tâche que s'assignera Heidegger tout au long de son parcours philosophique, est de renouveler la question du sens de l'être, c'est-à-dire de la poser à nouveau.

Cette question n'est pas neuve, puisqu'elle a passionné Platon (vers 427-348/347 av. J.-C.) et Aristote (384-322 av. J.-C.). Elle a ensuite été laissée de côté, oubliée, selon Heidegger, au profit d'une entente (compréhension) floue qui repose sur des préjugés que nous examinerons.

Le texte analysé ici est le premier chapitre de l'introduction intitulé « Nécessité, structure et primauté de la question de l'être », qui expose l'objet de la recherche de Heidegger : la primauté de la question posée (le sens de l'être) et les principes de la méthode à utiliser.

EXPLICATION ET ANALYSE DE L'ŒUVRE

LA QUESTION DU SENS DE L'ÊTRE

Pourquoi le sens de l'être est-il une question ?

Avant d'aborder le texte proprement dit, quelques éclaircissements nous semblent nécessaires. Toutes les choses qui *sont* ont en commun la propriété d'exister et, à ce titre sont des **étants** (littéralement, toute chose qui est ; l'homme est un étant particulier). Mais que veut-on signifier lorsque l'on dit que ces choses *sont* ? On ne peut se contenter de dire que cela signifie qu'elles existent puisque « exister » est un mot qui ne peut se comprendre sans une compréhension préalable de ce que signifie « être » : **les choses existent parce qu'elles sont et elles sont parce qu'elles existent**. On ne peut pas non plus définir le sens de l'être par opposition à son contraire, le non-être, car le non-être, **le néant**, est une notion totalement hors de portée de notre entendement. Instinctivement, toute représentation mentale que nous nous faisons du néant a quelque chose à voir avec un **vide** ; or un vide est toujours vide de quelque chose, donc un vide d'être, et dire que l'être est le contraire du néant est une tautologie qui n'apporte aucune information.

Force est de constater que nous ne savons définir ce que signifie « être », même si nous en avons une compréhension pragmatique (mais non rigoureuse) : on peut parler de l'être sans savoir véritablement ce que cela signifie.

La question du sens de l'être est-elle importante ? Décrivant les préjugés qui discréditent tout travail sur le sens de l'être, Heidegger souligne **la « primauté ontique »** et **la « primauté ontologique »** de cette question (p. 20-22). Nous reviendrons en détail sur ces aspects.

Une question tombée dans l'oubli

> « La question de l'être est tombée dans l'oubli… [Elle] n'est pourtant pas une question quelconque. Elle a tenu en haleine Platon et Aristote dans leur investigation, il est vrai aussi qu'elle s'est tue à partir de là, en tant que question et thème d'une recherche véritable. » (*Être et Temps*, p. 25-26)

La question de l'être était fondamentale pour les Anciens, Heidegger place en exergue d'*Être et* Temps un extrait d'un dialogue de Platon, *Le Sophiste* :

> « [Montrez-nous] ce que vous pouvez bien vouloir signifier, quand vous énoncez ce mot "étant" : il est clair que cela, depuis longtemps vous le savez, vous, tandis que nous, qui nous figurions jusqu'à présent le savoir, nous sommes maintenant dans l'embarras à son sujet. » (PLATON, *Le Sophiste*, 244a, p. 298)

Or, cette question est aujourd'hui considérée comme triviale ou obsolète, et quiconque tente de la renouveler se heurte à trois préjugés.

Premier préjugé : l'« être » est le concept le plus général, donc le plus clair

Cet argument bénéficie, entre autres références, de l'autorité de Thomas d'Aquin (théologien italien et docteur de l'Église, 1225-1284) : « Une entente de l'être est chaque fois déjà comprise dans tout ce que quelqu'un saisit de l'étant » (*Somme théologique*, II, question 94a2).

Cet argument, extrêmement solide, doit être bien compris, en ce qu'il dépasse de loin la simple constatation d'une compréhension implicite du sens de l'être. Il signifie, pour Thomas d'Aquin, que l'être désigne **le genre le plus élevé de l'ensemble des catégories des étants**, tout comme l'animal désigne le genre le plus élevé des catégories du vivant non végétal. Il en résulte, dit Thomas d'Aquin, que ce que l'on saisit (comprend) des étants explique, par extension, ce qu'est le sens de l'être, tout comme ce que je saisis de commun dans l'homme, le poisson, le hérisson ou l'abeille explique de facto ce qu'est un animal. Mais, dit Heidegger, « L'"être" ne circonscrit pas la région la plus élevée de l'étant [...] La "généralité" de l'être "outrepasse" toute généralité d'ordre générique » (*Être et Temps*, p. 26). En d'autres termes, s'il y a, à l'évidence, une unicité de l'être face à la multiplicité des étants, l'être n'est aucunement une catégorie générique mais « transcende » les catégories d'étants. Pourquoi ? Parce que, hormis le fait d'être, qui est précisément la propriété dont on cherche le sens, **il n'y a aucune unicité dans la multiplicité des étants** (alors que dans la mutiplicité des étants circonscrits par la « région la plus élevée » de l'animal, on peut citer comme points communs à ces étants la mobilité, la reproduction, etc.).

Heidegger note que Hegel (1770-1831), dans sa *Science de la logique* (1812-1816), rejoint le mode de questionnement des

Anciens quand il désigne l'être comme « l'immédiat indéterminé », c'est-à-dire ce qui ne peut se définir à partir d'autre chose (en ce sens il est *immédiat*) et ne peut être déduit par aucun principe de causalité (en ce sens il est *indéterminé*). Il affirme donc la singularité non – générique de l'être mais n'aborde pas le problème qui a tant occupé Aristote : « l'unicité de l'être face à la multiplicité des catégories de réalité ».

En conséquence, selon Heidegger : « Si l'on dit : "l'être" est le concept le plus général, cela ne peut signifier que ce concept soit le plus clair et qu'il n'ait pas besoin d'être expliqué davantage. Le concept d'"être" est bien plutôt le plus obscur. » (*Être et Temps*, p. 27)

Deuxième préjugé : le concept « être » est indéfinissable

Pascal résume comme suit l'argument : pour définir un mot il faut, explicitement ou implicitement, commencer par dire : c'est... « Donc, pour définir l'être, il faudrait dire c'est..., et ainsi employer le mot défini [le mot à définir] dans sa définition. » (PASCAL, *Pensées et Opuscules*, p. 169)

Heidegger n'en disconvient pas ; il y trouve même un argument pour renforcer sa réfutation du premier préjugé : l'être ne peut être déduit ou induit de principes supérieurs ou inférieurs, et les méthodes traditionnelles de la logique pour la définition des étants ne peuvent être utilisées. Cela signifie simplement – mais nous le savions déjà – que « être » n'est pas quelque chose de tel qu'un étant, mais, conclut Heidegger : « L'impossibilité de définir l'être ne dispense pas de questionner sur son sens, au contraire elle y conduit impérativement. » (*Être et Temps*, p. 27)

Troisième préjugé : l'« être » est un concept qui va de soi

Il y a effectivement une entente consensuelle de l'être. Heidegger donne à ce sujet deux exemples : chacun comprend, dit-il, « le ciel *est* bleu » et « je *suis* joyeux ». Mais c'est précisément cette entente sur le sens de l'être dans laquelle nous vivons qui nécessite examen : comment pouvons-nous utiliser quotidiennement, et à bon escient, un concept que nous ne savons pas définir ?

Que nous vivions chaque fois déjà dans une certaine entente de l'être et qu'en même temps le sens de l'être demeure enveloppé d'obscurité, c'est ce qui pose la nécessité par principe de répéter [de remettre à l'étude en tant qu'objet de recherche] la question du sens de « être ». (*Être et Temps*, p. 27)

Ainsi, l'examen des préjugés sur la question de l'être, loin de discréditer l'étude de cette problématique, a au contraire montré qu'il était nécessaire de l'explorer. Heidegger va désormais préciser les diverses composantes formelles de la question.

LA STRUCTURE FORMELLE DE LA QUESTION DE L'ÊTRE

Structure générale de tout questionnement

L'auteur définit ce qu'il appelle **les moments structuraux** (ou caractères constitutifs) de toute démarche de questionnement.

- **Questionner** c'est **chercher**, et toute recherche « tire de ce [qu'elle] recherche la direction qui précède et guide sa démarche ». Cette affirmation signifie que toute recherche possède une direction générale qui est induite par l'ensemble des faits, des connaissances, des sensations qui *précèdent* la recherche. Si cette constatation est évidente dans le domaine des sciences positives, elle l'est aussi dans la recherche philosophique : si je m'interroge, par exemple, sur ce que signifie la mort et sur l'attitude philosophique qu'elle implique, l'ensemble de ce que je sais sur la mort (ce qui précède ma démarche) constitue la ligne directrice de ma recherche : la mort génère l'angoisse mais met un terme à la souffrance, elle est une espérance si je suis croyant, le néant si je ne le suis pas, etc. C'est d'ailleurs en ce sens que quand je cherche, j'effectue en réalité toujours une *re-cherche*.
- Ce qui vient *après* (ce qui est donné par la direction qui précède) c'est le **questionné**, qui lui-même implique ce que Heidegger appelle un **interrogé**. Ces deux termes ne sont nullement synonymes : le questionné est le concept objet de la recherche (la mort, l'être, etc.), concept qui est porteur du **point en question** (c'est-à-dire qui fait l'objet de la question) ; l'interrogé est l'étant auprès duquel on vient s'enquérir au sujet du concept (par exemple, nous le verrons plus loin, le Dasein pour ce qui est de la question de l'être).

Mais le questionnement n'est pas uniquement guidé par la direction donnée par *l'avant* ; il l'est aussi par le fait qu'il est mené par un **questionneur** qui est un étant « marqué en son être d'un caractère propre ». À ce titre, dit Heidegger, le questionnement « peut être opéré soit comme "simple question pour voir", soit comme position en bonne et due forme de celle-ci » (*Être et Temps*, p. 28).

Le questionnement sur l'être

Les principes généraux qui précèdent vont maintenant être appliqués au questionnement sur l'être. Le point en question, nous le savons, est la signification de l'être et la direction préalable est « cette entente courante et vague de l'être », qui est un fait, bien que nous ne sachions pas ce qu'être veut dire. Le *questionneur* est l'étant (l'homme) qui mène la recherche et *interroge* sur le concept d'être. Il reste à déterminer quel est l'*interrogé* adéquat. Tout étant est-il apte à jouer ce rôle ? Existe-il un étant apte à être *interrogé* (c'est-à-dire à indiquer la direction à prendre pour appréhender conceptuellement le sens de l'être) ?

Un étant exceptionnel : le *Dasein*

La difficulté est la suivante :

- d'une part, l'être nous est totalement caché, et il n'y a donc aucun horizon de recherche permettant d'y accéder *directement* ;
- d'autre part, nous savons que l'être outrepasse (transcende) toutes les catégories d'étants et qu'il ne peut être *directement* déduit d'aucune de ces catégories.

Or nous, les hommes qui questionnons, sommes les seuls étants capables de s'interroger sur le sens de leur être, et cette interrogation est un de nos modes d'être. Dans ce mode d'être, nous sommes des étants ouverts à l'être, ou comme le dit plus précisément Heidegger, « [l'étant] se rend transparent à lui-même en son être » (*Être et Temps*, p. 31). L'étant questionnant fixe la *trajectoire* de la recherche du sens de l'être. L'étant (nous, qui questionnons l'être) laisse voir à lui-même (*ouvre la porte à*) l'entente qu'il a de son être, mais aussi ce qu'il y a d'être dans son étant.

> « Cet étant que nous sommes chaque fois nous-mêmes et qui a, entre autres possibilités d'être, celle de questionner, nous lui faisons place dans notre terminologie sous le nom de Dasein » (*Être et Temps*, p. 31).

Le terme de **Dasein** peut être rendu de manière littérale par « être-là », mais cette traduction qui a longtemps eu cours n'est pas satisfaisante et a d'ailleurs été critiquée par Heidegger lui-même. On peut même considérer qu'elle est un contresens, car elle semble renvoyer à un simple positionnement passif dans le réel (en ce sens, la pierre ou le cheval sont aussi des être-là) alors qu'une des caractéristiques du Dasein, nous le verrons, est qu'**il a à être**, c'est-à-dire qu'il est perpétuellement en rapport avec son être. Faute d'une traduction française adéquate, l'usage est maintenant de conserver le mot allemand **Dasein** pour désigner cet étant exceptionnel.

Qu'est-ce que le *Dasein* ? Nous verrons que la réponse est l'objet même d'*Être et Temps*, que l'on peut considérer comme le grand livre du *Dasein*. Toutefois, le point de départ est clairement identifié : le *Dasein* est d'abord l'homme angoissé et soucieux dont l'angoisse et le souci naissent dans l'entente implicite et vague qu'il a de l'être. Le *Dasein* est un homme, mais un homme considéré dans une modalité d'être particulière qui est le questionnement et – nous développerons ce point – qui est déterminé par l'existence, c'est-à-dire qui doit assumer des choix dans son mode d'être (ce que n'ont à faire ni la pierre ni le cheval). Le Dasein, pour reprendre la formule de Christian Dubois, « dit l'humanité de l'homme comme rapport à l'être » (DUBOIS [Christian], *Heidegger. Introduction à une lecture*, p. 24).

Heidegger va maintenant montrer pourquoi la question du sens de l'être (« que voulons-nous dire au juste par le mot "être" ? ») apparait comme primordiale, tant d'un point de vue **ontologique** (relatif à l'être), que d'un point de vue **ontique** (relatif aux étants).

PRIMAUTÉ ONTOLOGIQUE DE LA QUESTION DE L'ÊTRE

Dire que la question de l'être possède une primauté ontologique signifie deux choses intimement liées :

- d'une part, que **la question de l'être est la question première** (fondamentale, au sens étymologique du terme) pour toute ontologie (c'est-à-dire pour toute investigation sur l'être) ;
- d'autre part, qu'elle ouvre également le chemin aux sciences positives, car celles-ci ne progresseront véritablement que si elles radicalisent leurs concepts de base dans la direction d'une recherche de l'être des étants qu'elles étudient.

L'argumentation de Heidegger est dès lors organisée comme suit :

- toute science interroge un étant par le biais de concepts de base naïfs ;
- le niveau d'une science est déterminé par sa capacité à réviser radicalement ses concepts de base ;
- l'investigation ontologique peut – et doit – ouvrir la voie aux sciences positives ;
- mais l'ontologie a elle aussi besoin d'un fil directeur.

La science, interrogation d'un étant

Toute science est science d'un étant (l'histoire, la nature, la vie, la langue) et s'organise en domaines sur la base d'un découpage naïf, préscientifique. En effet, à un instant donné, les concepts de base qui guident l'investigation scientifique ont été préalablement acquis (en se basant sur une certaine conception de ce qu'est la matière, la vie, etc.). Or, constate Heidegger, si ces concepts permettent d'accumuler des connaissances que la science « engrange dans des "manuels" », ils ne permettent pas d'avancer de façon significative sur ce que constitue « dans son fond » le domaine étudié.

Deux exemples permettront de comprendre ce qu'il veut dire par là :

- la mécanique de Newton a permis d'établir les lois du mouvement ; elle a été extraordinairement féconde et des milliers de « manuels » ont accumulé toutes les connaissances qui en résultent. Pourtant, elle n'a pu approcher d'aucune manière *le fond de la question* du mouvement, qui est de comprendre quelle est la nature de la gravité ; il faudra attendre la théorie de la relativité et la mécanique quantique pour avoir des pistes d'investigation à ce propos ;

- dans le domaine philosophique, la nature de ce que l'on peut connaitre par la raison a été explorée par Aristote, Descartes (1596-1650) ou Kant (1724-1804), notamment. Or, en dehors du domaine strictement théologique, aucune avancée n'a été accomplie sur la *question de fond* qui est de savoir *pourquoi il y a quelque chose quelque part*.

Ainsi, dit Heidegger, « le progrès véritable consiste à mettre en question ce qui constitue en son fond chacun des domaines envisagés ».

Le niveau d'une science est déterminé par sa capacité à réviser radicalement ses concepts de base

Heidegger poursuit son argumentation de la sorte : « Le véritable "mouvement" scientifique se joue quand les sciences soumettent leurs concepts de base à une révision plus au moins radicale... Jusqu'à quel point elle est capable d'une crise de ses concepts de base, voilà ce qui détermine le niveau d'une science. » (*Être et Temps*, p. 33)

Le philosophe développe plusieurs exemples de cette « crise des fondements » qui remet radicalement en cause les concepts de base (*Être et Temps*, p. 33-34) en mathématique, en physique, en biologie ou même en théologie, discipline « dont l'appareil conceptuel est non seulement insuffisant pour la problématique théologique mais la recouvre et la défigure ».

Chaque fois qu'un champ d'investigation a interrogé et remis en cause ce sur quoi il est historiquement assis, un mouvement scientifique a été mis en œuvre qui a permis non seulement une nouvelle accumulation de connaissances, mais aussi et surtout une proximité accrue avec les questions fondamentales.

L'investigation ontologique doit, et peut, ouvrir la voie aux sciences positives

Les questions fondamentales dont il a été fait mention plus haut ont en commun qu'elles interrogent sur son fond un étant, et que **le fond d'un étant est son être**. En conséquence, toute radicalisation de la question des fondements d'une science est une avancée vers ce que signifie l'être de l'étant concerné. En biologie, par exemple, « les questions qui commencent à se poser ont tendance à revenir en deçà des déterminations de l'organisme et de la vie données par le mécanisme et le vitalisme [c'est-à-dire en deçà des investigations visant à expliquer comment se développent les organismes vivants] et à déterminer de façon neuve le genre d'être du vivant en tant que tel [c'est-à-dire à rechercher ce qui, *fondamentalement*, permet de dire qu'une chose est vivante et qu'une autre ne l'est pas] » (*Être et Temps*, p. 34).

Le besoin d'un fil directeur

L'ontologie souffre d'un handicap qui la singularise : contrairement aux autres sciences, elle n'interroge pas un étant. À ce titre, les investigations ont toujours, selon Heidegger, commis la faute de procéder par déduction à partir d'un étant, au lieu de porter d'emblée sur l'être (car nous ne savons pas ce que « être » signifie). On pourrait dire, d'une manière prosaïque, que l'on est dans la situation qui consisterait, pour un zoologue, à ne pas savoir ce qu'est un animal et à chercher à définir et étudier cette catégorie d'étants à partir de la multiplicité des exemples divers à qui il attribue, *naïvement*, cette détermination.

Par conséquent, « toute ontologie, si richement et solidement agencé que puisse être le système de catégories dont elle dispose, demeure au fond aveugle et pervertit son intention la plus propre, tant qu'elle n'a pas d'abord suffisamment tiré au clair le sens de l'être et n'a pas conçu cette clarification comme sa tâche fondamentale » (*Être et Temps*, p. 35).

Mais cette primauté ontologique n'est pas la seule. Parce que **la question du sens de l'être est éclairée par un étant particulier, le *Dasein***, elle possède aussi, nous allons le voir, une primauté ontique.

PRIMAUTÉ ONTIQUE DE LA QUESTION DE L'ÊTRE

S'il est relativement intuitif d'adhérer à l'affirmation d'une primauté ontologique de la question de l'être, il est plus difficile, à priori, d'admettre sa priorité ontique. Pourquoi cette question est-elle également fondamentale dans les investigations concernant les étants ?

Une première réponse a été donnée plus haut, quand

Heidegger a montré que l'investigation ontologique *ouvre la porte* aux sciences positives.

Mais il y a plus : il faut garder présent à l'esprit que cette affirmation n'a de sens que parce que Heidegger a d'ores et déjà fixé ce qu'il a appelé *l'interrogé* sur cette question : le *Dasein*. C'est parce que le *Dasein* a des caractéristiques très spécifiques que la question de l'être, dont *la trajectoire de recherche* est fixée par le *Dasein*, est également première dans les investigations ontiques. Heidegger va donc, au préalable, rappeler ou préciser les spécificités du *Dasein*.

Le *Dasein* est « ontologique »

Le *Dasein*, dit Heidegger, n'est pas un étant parmi d'autres : « Ce qui le distingue ontiquement [soit en tant qu'étant], c'est que, dans son être, il y va pour cet étant, de son être. » (*Être et Temps*, p. 36) Que signifie cette affirmation ? Le *Dasein* est un étant qui se distingue des autres, nous l'avons vu, par le fait qu'il interroge son être. **Il y a donc**, pourrait-on dire, **déjà de l'être dans cet étant** : le *Dasein* est concerné par son être en ce sens que par le simple fait qu'il existe (dans son être), l'être est d'ores et déjà mis en cause *(il y va de son être)* car l'entente de l'être (la compréhension commune intuitive et imparfaite de l'être) est une détermination du *Dasein*, quelque chose qui permet de le caractériser.

Heidegger éclaire ce point d'une manière encore plus directe : « L'entente de l'être est elle-même une détermination d'être du *Dasein*. Ce qui distingue ontiquement le *Dasein* c'est qu'il est ontologique. » (*Être et Temps*, p. 36) La formule est concise et remarquable : **ce qui distingue le *Dasein* en**

tant qu'étant (ontiquement), **c'est qu'il contient de l'être** (il est ontologique).

Le *Dasein* « s'entend soi-même à partir de son existence »

> « Le *Dasein* s'entend soi-même toujours à partir de son existence, une possibilité de soi – même, possibilité d'être soi-même ou de ne pas l'être... L'entente de soi-même [la compréhension que le *Dasein* a de son existence] qui en ce cas montre la voie [c'est-à-dire montre au *Dasein* comment il doit choisir entre différentes manières d'exister], nous l'appelons l'entente existentielle. La question de l'existence est une affaire ontique pour le *Dasein*. » (*Être et Temps*, p. 37)

Le mot « existence » a une résonance particulière dans ce contexte. Il signifie bien entendu « être », mais surtout « être en position de choisir sa manière d'être ». Heidegger utilise le mot allemand *Existenz* qui n'a pas le même sens que le latin *existentia* dont dérive le français « existence » ; il signifie plutôt « façon de vivre ». En ce sens, une pierre, un arbre ou un cheval n'existent pas ; certes, ils *sont* mais ils n'ont aucune possibilité de choisir une façon de vivre. Il s'agit donc de différencier les deux sens du terme, ce que les traductions ne permettent pas toujours de faire.

Ce que Heidegger appelle « **l'entente existentielle** » est une « affaire » que l'étant *Dasein* doit *gérer* et elle ne requiert pas que soient élucidés en toute clarté les rapports entre *être* et *existence* : si c'était le cas, comment pourrions-nous vivre ? Pourtant l'élucidation de ces rapports – c'est-à-dire l'élucidation des **structures ontologiques** du problème de l'existence – est une question que pose l'existence. L'ensemble de ces structures constitue ce que Heidegger appelle **l'existentialité** (on peut dire d'une manière schématique que l'existentialité est à l'existence ce que l'être est à l'étant) et l'analyse de ces structures constitue **l'analytique ontologique du *Dasein*** (une analytique est le produit fourni par une analyse, laquelle décompose un concept au lieu de le reconstruire par synthèse). Christian Dubois résume clairement le but visé : « S'enquérir des structures d'être qui rendent possibles, a priori, l'existence concrète, c'est s'enquérir de l'existentialité de l'existence. Faire l'ontologie de cet étant, le Dasein, qui se signale comme ayant un rapport à l'être, c'est donc fournir une analytique existentiale. » (in *Heidegger. Introduction à une lecture*, p. 25) C'est par l'analytique ontologique du Dasein que sera ouverte une porte « vers **l'ontologie fondamentale**, dans laquelle seulement les autres ontologies peuvent prendre source [pour des raisons développées dans le paragraphe précédent] ».

De la primauté de la question de l'être à celle du *Dasein*

Les développements qui précèdent ont été introduits par Heidegger pour exposer la primauté ontique de la question de l'être. Mais il y a eu un glissement dans le questionnement, et la conclusion du paragraphe met en avant la primauté du *Dasein*. Ce glissement s'est introduit dès lors que les spécificités du *Dasein* ont été mises en évidence. À ce stade, il est sans doute utile de rappeler les étapes du raisonnement de Heidegger :

• puisque le Dasein est un étant déterminé par son existence et qu'il est le seul étant à posséder cette caractéristique, il est évidemment **premier** (il a la primauté ontique) dans l'ensemble des étants ;

- puisqu'il est le **seul étant ontologique** (il contient de l'être) son rôle en tant qu'interlocuteur dans le questionnement sur l'être est confirmé ;
- le questionnement sur le sens de l'être, **l'ontologie fondamentale**, passe par **l'analytique ontologique du *Dasein***.

Or : « Quant à l'analytique existentiale [fondement de l'ontologie fondamentale], son ultime racine n'en est pas moins existentielle, c'est-à-dire ontique [...]. C'est seulement quand le questionnement, inhérent à l'investigation philosophique tel que le Dasein chaque fois existant en a la possibilité dans son être, est saisi existentiellement, qu'il y a possibilité d'une détection de l'existentialité de l'existence [...]. Du même coup, la primauté ontique de la question de l'être se trouve elle aussi élucidée. » (*Être et Temps*, p. 38)

En d'autres termes, la question du sens de l'être passe par l'analytique existentiale, qui est de nature ontologique, mais l'existentialité (c'est-à-dire les structures ontologiques de l'existence) ne se dévoile que par le biais d'investigations existentielles (qui ont trait à l'étant, donc ontiques). Ceci fonde donc la primauté ontique de la question du sens de l'être.

La troisième primauté du *Dasein*

« Mais au Dasein il appartient essentiellement de : être en un monde » (Être et Temps, p. 37). Cette *constitution* d'être sera explicitée et développée plus loin par Heidegger (cf. §12) sous l'appellation **être-au-monde**. Il importe d'éviter tout contresens à ce sujet :

- être-au-monde ne signifie pas « être dans le monde ». Christian Dubois illustre judicieusement – et plaisamment – ce contresens : être-au-monde ne doit pas s'entendre comme dans la phrase « la fourchette est dans le tiroir » car « la fourchette est sans monde et n'est pas en rapport avec le tiroir ». Tout au contraire, « pour moi il y a quelque chose comme un monde, et à partir de ce monde, je me rapporte à toutes les choses » (*Heidegger. Introduction à une lecture*, p. 37) ;
- être-au-monde ne signifie pas non plus avoir conscience du monde, l'intérioriser comme un objet, car il faudrait dès lors admettre deux substances séparées qui *seraient* hors l'une de l'autre : moi, le sujet qui pense, d'une part, et, de l'autre, le monde côtoyé dont j'ai une simple connaissance. Or cette interprétation n'est pas admissible d'un point de vue ontologique car le lien qui lie le Dasein au monde n'est pas la connaissance qu'il en a, mais l'existence qu'il y déploie et qui est, nous l'avons vu, une de ses déterminations.

Que signifie donc la formulation initiale « être en un monde », et pourquoi l'introduire ici ? La clé est donnée succinctement par Heidegger : « L'entente de l'être qui appartient au Dasein intéresse donc, de façon aussi originaire, l'entente de quelque chose de tel que "monde", <u>y compris l'entente de l'être de l'étant accessible dans le monde</u> [nous soulignons]. » (*Être et Temps*, p. 37) Ici apparait la troisième primauté du Dasein : « Il appartient au Dasein [...] d'avoir une entente de l'être de tout étant qui n'est pas de l'ordre du Dasein. » (*Être et Temps*, p. 38) En d'autres termes, le *Dasein* possède non seulement une **entente de son être**, mais également une **entente de l'être de tous les étants**. Ce point est important : si le *Dasein* ne possédait pas cette dimension **universelle**, on ne pourrait pas faire l'économie d'autant d'ontologies qu'il y a de catégories d'étants.

« LE GRAND LIVRE DU DASEIN »

Quand la tâche qui s'impose est l'interprétation du sens de « être », le *Dasein* n'est pas seulement le premier étant à interroger, il est plus encore l'étant qui chaque fois déjà se rapporte en son être à ce sur quoi porte le questionnement dans cette question. (*Être et Temps*, p. 37)

Cette conclusion fournie par Heidegger confirme le caractère exceptionnel du *Dasein*. À ce stade très préliminaire de l'ouvrage, la question « Qu'est-ce que le Dasein ? » a trouvé des réponses significatives mais partielles et force est de constater que, comme le déclare Christian Dubois, « la question [Qu'est-ce que le Dasein ?], posée ainsi à l'orée de *Être et Temps* a toujours quelque chose de précipité. Pourquoi ? Tout simplement parce que *Être et Temps* tout entier est précisément la réponse à cette question. Être et Temps est le grand livre du Dasein » (Heidegger. *Introduction à une lecture*, p. 22).

CONCLUSION

Heidegger reprend le questionnement sur le sens de l'être d'une manière totalement neuve, en distinguant trois strates dans l'investigation :

- une première strate (qui en toute rigueur est la dernière dans l'ordre des primautés) est celle des sciences positives ou des sciences humaines qui explorent chacune une certaine partie de l'existant (donc une certaine catégorie d'*étants*) ;
- une deuxième strate, qui relève de la philosophie, est celle de l'élucidation des concepts de base de chacune de ces catégories (par exemple : sur quel concept du temps et de l'espace s'appuie la physique ?). Puisqu'il ne s'agit plus d'explorer des étants mais d'élucider des concepts, chacune de ces élucidations correspond à une *ontologie* particulière ;
- enfin la troisième catégorie, proprement heideggérienne et qui conditionne les deux précédentes, est celle de *l'ontologie fondamentale* qui n'est pas *régionale* mais universelle au sein de l'ensemble des catégories d'étants, et a pour tâche la clarification du sens de l'être. Cette ontologie fondamentale est en fait l'analyse ontologique du Dasein.

Le lecteur se demandera sans doute pourquoi le titre de l'œuvre est *Être et Temps*. La réponse ne viendra que beaucoup plus loin (deuxième section de l'ouvrage) et il n'est pas possible de la développer ici. Nous nous bornerons à indiquer que, en procédant à l'analyse ontologique du Dasein,

Heidegger montre que la temporalité est son principal élément structurant, en particulier parce que son être est *être-vers-la-mort*. George Steiner (écrivain et essayiste français et américain, né en 1929) ajoute à ce sujet : « L'inaliénabilité de la mort repose sur ce fait simple mais irrésistible que chacun de nous doit mourir pour lui-même, que la mort est l'unique potentialité existentielle que nul esclavage, nulle promesse [...] ne peut retirer à l'homme individuel ; elle est la vérité fondamentale du sens de l'être. » (in *Martin Heidegger*, p. 137)

En guise de conclusion, nous voudrions attirer l'attention du lecteur sur le point suivant : le verbe « être » ne s'emploie pas de la même façon (dans un même contexte et dans un même sens) dans toutes les langues, ce qui fait dire à Pierre Aubenque (philosophe français, né en 1929) que « si la métaphysique est science de l'être, il ne peut y avoir, par exemple, de métaphysique chinoise » (in *Heidegger. L'énigme de l'être*, p. 19). Or, c'est parce que les langues indo-européennes possèdent un verbe être, et parce qu'elles l'emploient avec diverses significations, que l'on a pu dire la philosophie en Grèce.

C'est ce que souligne avec une remarquable clarté le linguiste Émile Benveniste (1902-1976) : « C'est dans une situation linguistique ainsi caractérisée qu'a pu naître et se déployer toute la métaphysique grecque de l'"être"[...]. La langue n'a évidemment pas orienté la définition métaphysique de l'"être", chaque penseur grec a la sienne, mais elle a permis de faire de l'"être" une notion objectivable, que la réflexion philosophique pouvait manier, analyser, situer comme n'importe quel autre concept. » (in *Problèmes de linguistique générale*, p. 71) Un dialogue supralinguistique sur l'être est-il dès lors possible entre les civilisations, et, si oui, sous quelle forme ? C'est une question que nous laisserons au lecteur le soin de méditer.

Votre avis nous intéresse !
Laissez un commentaire sur le site de votre librairie en ligne
et partagez vos coups de cœur sur les réseaux sociaux !

POUR ALLER PLUS LOIN

ÉDITION DE RÉFÉRENCE

- HEIDEGGER (Martin), *Être et Temps*, Paris, Gallimard, 1994.

ÉTUDES DE RÉFÉRENCE

- COLLECTIF (dirigé par Jean-François Mattéi), *Heidegger. L'Énigme de l'être*, Paris, Presses universitaires de France, 2004.
- BENVENISTE (Émile), *Problèmes de linguistique générale*, Paris, Gallimard, 1976, tome 1.
- DUBOIS (Christian), *Heidegger. Introduction à une lecture*, Paris, Seuil, 2000.
- PASCAL (Blaise), *Pensées et Opuscules*, Paris, Hachette, 1912.
- PLATON, *Le Sophiste*, Paris, Gallimard, 1964.
- STEINER (George), *Martin Heidegger*, traduction de Denys de Caprona, Paris, Flammarion, 1999.

Rendez-vous sur lepetitphilosophe.fr et découvrez :

Plus de 1200 analyses
Claires et synthétiques
Téléchargeables en 30 secondes
À imprimer chez soi

L'éditeur veille à la fiabilité des informations publiées, lesquelles ne pourraient toutefois engager sa responsabilité.

www.lepetitphilosophe.fr

ISBN version numérique : 9-782-8062-5682-9
ISBN version papier : 978-2-8062-5686
Dépôt légal : D/2017/12603/607

Conception numérique : Primento,
le partenaire numérique des éditeurs.